Johdanto

Tekoäly. Se kuulostaa vielä monen korvaan
joko pelottavalta, liian tekniseltä tai joltain,
mitä vain isojen firmojen insinöörit käyttävät.
Todellisuudessa tekoäly on jo nyt osa meidän
jokapäiväistä elämäämme – usein aivan
huomaamatta. Ja mikä parasta? Tekoälyn
hyödyntäminen on mahdollista kenelle
tahansa, ilman teknistä osaamista tai
ohjelmointitaitoja.

Tämä opas on sinulle, joka haluat tehdä
arjestasi sujuvampaa, työstäsi tehokkaampaa ja
elämästäsi vähän kevyempää. Ehkä olet kuullut
tekoälystä, ehkä olet jo käyttänytkin sitä – tai
ehkä et ole vielä uskaltanut kokeilla. Ei hätää.
Tässä oppaassa lähestytään tekoälyä selkeästi,
suomeksi ja käytännönläheisesti.

Unohdetaan tekninen jargoni ja keskitytään siihen, miten tekoäly voi oikeasti auttaa sinua:

- säästämään aikaa
- järjestämään arkea
- ideoimaan uutta
- selkeyttämään monimutkaisia asioita
- ja jopa tuomaan vähän luovaa inspiraatiota päivään

Opit, mitä tekoäly on (ja mitä se ei ole), mistä sen saa käyttöön, ja ennen kaikkea: miten saat siitä irti konkreettista hyötyä ilman stressiä.

Tämä ei ole opas koodareille tai insinööreille. Tämä on opas ihmiselle, joka haluaa saada enemmän aikaan fiksummin – ilman viittaa tai supervoimia.

Tekoäly ei tee sinusta robottia. Se tekee sinusta tehokkaamman version itsestäsi.

Tervetuloa mukaan.

Mikä tekoäly oikeastaan on – ja miten pääset alkuun?

Tekoälystä puhutaan kaikkialla, mutta harva osaa tiivistää selkeästi, mitä se oikeastaan tarkoittaa. Ja ei ihme – termi "tekoäly" (englanniksi *artificial intelligence*, AI) herättää mielikuvia roboteista, ihmismäisestä ajattelusta ja jopa tieteiselokuvista. Todellisuudessa kyse on jostain paljon käytännöllisemmästä.

Tekoäly yksinkertaisesti

Tekoäly tarkoittaa tietokoneohjelmia tai järjestelmiä, jotka osaavat suorittaa tehtäviä, jotka normaalisti vaatisivat ihmisen älykkyyttä – kuten:

- kirjoittaa tekstiä
- kääntää kieliä
- vastata kysymyksiin
- suunnitella asioita
- tunnistaa kuvia tai ääntä
- analysoida tietoa ja tehdä ehdotuksia

Tekoäly ei "ajattele" kuten ihminen. Se toimii valtavan tietomäärän ja tilastollisten mallien perusteella. Käytännössä se on työkalu, joka pystyy tuottamaan sisältöä, ehdotuksia ja ratkaisuja nopeasti – kunhan osaat esittää oikeanlaisen kysymyksen.

Mitä tekoälyä tämä opas käsittelee?

Tässä oppaassa keskitytään ns. *generatiiviseen tekoälyyn* – eli tekoälyyn, joka voi luoda uutta sisältöä: tekstiä, kuvia, ideoita, suunnitelmia ja muuta.

Tärkeimmät työkalut, joista tässä kirjassa puhutaan:

- ChatGPT – tekstin tuottaminen, kysymykset, ideointi, tiivistykset
- Microsoft Copilot – tekoälyavustaja Wordissa, Outlookissa ja Excelissä
- Google Gemini – kysymykset ja ideointi Googlen ekosysteemissä
- Canva – visuaalinen sisältö tekoälyn avulla

Et tarvitse näitä kaikkia – yksi tai kaksi riittää alkuun. Useimmat toimivat suoraan verkkoselaimessa tai puhelimen sovelluksena.

Näin pääset alkuun tekoälyn käytössä

1. Valitse työkalu
   Aloita esimerkiksi ChatGPT:llä tai Microsoft Copilotilla.

2. Kirjaudu sisään
   Käytä Google- tai Microsoft-tiliä. Ilmaiset versiot riittävät hyvin alkuun.

3. Kokeile kysyä yksinkertainen kysymys, kuten:

   - "Tee minulle viikon ruokalista kahdelle hengelle."
   - "Kirjoita sähköposti asiakkaalle, joka ei ole maksanut laskua ajallaan."
   - "Anna vinkkejä ajanhallintaan kiireisessä arjessa."

Tekoälyn käytön oppii parhaiten kokeilemalla. Et voi rikkoa mitään. Kysyt, saat vastauksen – ja jos se ei toimi, kokeilet uudelleen.

Tämä opas auttaa sinua löytämään parhaat tavat käyttää tekoälyä omassa arjessasi ja työssäsi.

Tekoäly ja jatkuva oppiminen – kehitä taitojasi nopeasti ja tehokkaasti

Yksi tekoälyn parhaista puolista on sen kyky tukea jatkuvaa oppimista ja itsensä kehittämistä. Olit sitten opiskelija, työelämässä, tai vain utelias oppimaan uutta, tekoäly voi auttaa sinua omaksumaan tietoa nopeasti, tehokkaasti ja itsenäisesti.

Miten tekoäly auttaa oppimaan?

Tiedon nopea omaksuminen ja tiivistäminen

Voit pyytää tekoälyltä tiivistelmän pitkästä artikkelista, kirjasta tai tutkimuksesta. Näin voit tutustua uusiin aiheisiin nopeasti ilman, että hukut tietotulvaan.

Esimerkkejä kysymyksistä:

"Tee tiivistelmä tästä uutisartikkelista."

"Kerro lyhyesti, mistä kvanttifysiikassa on kyse."

Kielten opiskelun tukena

Tekoäly on erinomainen apu kielten opiskelussa. Voit harjoitella keskusteluja, käännättää tekstejä tai pyytää apua kieliopin kanssa.

Esimerkkejä kysymyksistä:

"Anna minulle aloittelijalle sopiva keskustelu ranskaksi kahvilatilanteeseen."

"Miten sanon englanniksi kohteliaasti, että en pääse tapaamiseen?"

"Selitä minulle espanjan verbien aikamuodot yksinkertaisesti."

Urasuunnittelu ja taitojen päivittäminen

Tekoäly voi auttaa tunnistamaan, mitä taitoja tarvitset menestyäksesi tulevaisuuden työelämässä. Voit pyytää konkreettisia neuvoja ja ehdotuksia siitä, mitä kannattaa opiskella tai kehittää juuri nyt.

Esimerkkejä kysymyksistä:

"Mitä taitoja minun kannattaa hankkia seuraavan kahden vuoden aikana työelämässä pärjätäkseni?"

"Anna vinkkejä, miten voin päivittää osaamistani digitaalisen markkinoinnin alalla."

"Mitkä ovat tärkeimmät asiat, jotka pitää osata etätyötä tehdessä?"

Näin otat oppimisen haltuun tekoälyn avulla

Kysy tekoälyltä rohkeasti ja täsmällisesti, mitä haluat oppia. Pyydä selkeitä esimerkkejä ja konkreettisia neuvoja. Hyödynnä tekoälyä säännöllisesti – pienillä päivittäisillä kysymyksillä kartutat nopeasti osaamistasi. Tekoälyn avulla oppiminen on hauskaa, nopeaa ja tehokasta. Kokeile rohkeasti ja löydä oma tapasi hyödyntää sitä jatkuvassa oppimisessa!

Tekoäly arjen apuna – käytännön esimerkkejä ja ideoita

Tekoäly ei ole vain työkalupakki kiireisille asiantuntijoille – se voi olla yllättävän hyödyllinen myös ihan tavallisessa arjessa. Monet käyttävät tekoälyä jo nyt apuna esimerkiksi ruoanlaitossa, matkasuunnittelussa, ajanhallinnassa tai perhe-elämän organisoinnissa.

Tässä muutamia konkreettisia tapoja, joilla voit hyödyntää tekoälyä omassa arjessasi:

Ruokasuunnittelu ja ostoslistat

Tekoäly osaa ehdottaa reseptejä, tehdä niistä ostoslistan ja jopa huomioida erityisruokavaliot tai budjetin.

Kokeile kysyä esimerkiksi:

- "Tee viikon ruokalista kahdelle hengelle, kasvisruokaa, budjetti max 60 euroa."
- "Tee 3 päivän nopea lounaslista, jonka voi valmistaa alle 20 minuutissa."
- "Luo ostoslista viikon ruokalistan perusteella."

Ajanhallinta ja aikataulutus

Jos arki tuntuu kaaokselta, tekoäly voi auttaa jäsentämään sitä järkevästi – esimerkiksi ehdottamalla viikkosuunnitelman tai ajankäyttörungon.

Kokeile kysyä:

- "Auta minua rakentamaan viikkosuunnitelma, jossa on työ, liikunta, perheaika ja lepo."
- "Tee arkipäivän aikataulu ihmiselle, joka ei jaksa herätä aikaisin."
- "Miten voin jakaa kotityöt puolison kanssa tasapuolisesti?"

Viestien ja tekstien kirjoittaminen

Tekoäly voi auttaa kirjoittamaan selkeitä ja kohteliaita viestejä – erityisesti tilanteissa, joissa sanojen valinta tuntuu hankalalta.

Kokeile:

- "Kirjoita ystävällinen muistutus lapsen hoitajalle hoitoajoista."
- "Muotoile viesti, jossa perun tapaamisen kohteliaasti."

Matkasuunnittelu ja reitti-ideat

Tekoäly osaa ehdottaa matkakohteita, suunnitella päivän ohjelman tai vinkata käymisen arvoisista paikoista.

Kokeile:

- "Suunnittele 3 päivän matka Tallinnaan, jossa on nähtävää lapsiperheelle."
- "Tee viikonloppureissu Tampereelle kahdelle aikuiselle, budjetti 200 €."

- "Anna vinkkejä Euroopan kohteista, joissa on hyvä sää marraskuussa."

Kodin järjestely ja siivousrutiinit

Vaikka tekoäly ei tartu moppiin, se voi auttaa tekemään arjen hallinnasta kevyempää.

Kokeile:

- "Tee siivousrutiini, jossa kotia siivotaan 15 minuuttia päivässä."
- "Tee kuukausittainen huoltolista omakotitalolle."
- "Ehdota järjestelyvinkkejä pieneen kaksioon."

Tekoäly ei ratkaise kaikkia ongelmia, mutta se voi auttaa muuttamaan epämääräisen ajatuksen konkreettiseksi suunnitelmaksi. Kun arki on sujuvampi, jää enemmän aikaa tärkeille asioille – kuten levolle, harrastuksille tai yhdessäololle.

Tekoäly työelämässä – näin säästät aikaa ja parannat lopputulosta

Tekoälyn käyttö ei rajoitu vain kodin arjen pyörittämiseen. Se on myös erinomainen työkalu työelämään – riippumatta siitä, oletko toimistotyöntekijä, yrittäjä, opiskelija tai vaikka freelancer. Tekoäly voi nopeuttaa rutiinitehtäviä, auttaa ideoinnissa ja tehdä viestinnästä sujuvampaa.

Tärkeintä ei ole osata kaikkea teknistä, vaan tietää, *mitä kannattaa pyytää tekoälyltä.* Tässä muutamia konkreettisia tapoja, joilla tekoäly voi helpottaa työpäivää.

Sähköpostit ja viestintä

Tekoäly voi auttaa laatimaan sähköposteja, muistutuksia, vastauksia ja viestejä eri tilanteisiin – ystävällisesti, napakasti ja selkeästi.

Kokeile:

- "Kirjoita ystävällinen mutta napakka muistutus maksamattomasta laskusta."
- "Muotoile sähköposti, jossa kysyn tarjousta, mutta en vielä sitoudu."
- "Laadi kohtelias vastaus asiakaspalautteeseen."

Ideointi ja sisällöntuotanto

Jos työssäsi tarvitaan uusia ideoita, tekstiä tai esityksiä, tekoäly toimii loistavana sparraajana ja luonnostelijana.

Kokeile:

- "Anna 10 ideaa Instagram-postaukseen pienyritykselle, joka myy luonnonkosmetiikkaa."
- "Luo esityksen runko aiheesta asiakaskokemuksen merkitys palvelualalla."

Tekstien tiivistäminen ja selkeyttäminen

Tekoäly osaa tiivistää pitkiä tekstejä, muuttaa monimutkaista kieltä helpommaksi tai muotoilla viestistä ammattimaisemman version.

Kokeile:

- "Tiivistä tämä teksti 3 lauseeseen."
- "Tee tästä asiantuntijatekstistä helposti ymmärrettävä versio."
- "Korjaa kielioppi ja tee tekstistä sujuvampi."

Excel, taulukot ja datan käsittely

Microsoftin Copilot tai ChatGPT voi auttaa ymmärtämään Excel-kaavoja, luomaan taulukoita tai antamaan ideoita datan visualisointiin.

Kokeile:

- "Tee Excel-taulukko projektiseurantaan, jossa näkyy tehtävä, vastuuhenkilö ja määräaika."
- "Kirjoita kaava, joka laskee myyntien keskiarvon tietyltä ajanjaksolta."
- "Selitä, mitä kaava =IF(A1>100,"OK","Tarkista") tarkoittaa."

Käännökset ja kieliversiot

Tekoäly toimii myös nopeana kääntäjänä – erityisesti sisäiseen viestintään tai luonnosvaiheen kieliversioihin.

Kokeile:

- "Käännä tämä sähköposti englanniksi virallisella sävyllä."
- "Tee tästä tekstistä versio, joka sopii LinkedIniin."
- "Muotoile tämä teksti ruotsiksi asiakaspalvelutilanteeseen."

Tekoäly ei tee sinusta korvaamatonta – mutta se voi vapauttaa sinut keskittymään asioihin, joissa ihmistä todella tarvitaan: päätöksentekoon, vuorovaikutukseen ja luovuuteen.

Tekoäly luovuuden tukena – ideointia, kirjoittamista ja visuaalisuutta

Tekoäly ei ole pelkkä tehokkuuskone – se voi olla myös luovuuden parhaita ystäviä. Joskus ideat jumittavat, sanat eivät solju tai tyhjä sivu tuijottaa takaisin. Silloin tekoäly voi toimia inspiraation lähteenä, ideointikumppanina tai jopa luonnostelijana.

Tässä luvussa käydään läpi, miten tekoälyä voi hyödyntää luovissa prosesseissa: tekstin tuottamisessa, ideoinnissa ja visuaalisten sisältöjen luomisessa.

Kirjoittaminen ja sisällön ideointi

Tekoäly osaa ehdottaa tekstin aiheita, kirjoittaa luonnoksia, keksiä otsikoita ja jopa parantaa kirjoitustyyliä. Se ei kirjoita puolestasi kaikkea, mutta se voi antaa sinulle vauhtia.

Kokeile:

- "Anna 5 blogiaihetta ihmiselle, joka kirjoittaa henkilökohtaisen talouden hallinnasta."
- "Kirjoita luonnosartikkeli aiheesta 'Miten vähentää somekuormitusta arjessa'."
- "Ehdota napakka ja kiinnostava otsikko tälle tekstille."

Tekoäly ei korvaa kirjoittajaa, mutta se voi nopeuttaa alkua ja helpottaa muokkaamista.

Some-sisältöjen luonnostelu

Tekoäly voi auttaa luomaan sisältöideoita, tekstiluonnoksia ja jopa hashtag-ehdotuksia eri somekanaviin.

Kokeile:

- "Kirjoita LinkedIn-postaus, jossa kerron oppineeni uutta tekoälyn käytöstä työssäni."

- "Tee Instagram-postaus, jossa jaan vinkin arjen ajanhallintaan."
- "Anna 10 hashtagia liittyen talousvinkkeihin opiskelijoille."

Voit pyytää myös eri tyylejä: rentoa, asiantuntevaa, huumorilla maustettua – miten haluat.

Kuvien ja grafiikan teko

Tietyt työkalut, kuten Canva tai kuvia tuottavat tekoälyt (esim. DALL·E), voivat auttaa sinua luomaan visuaalisia elementtejä ilman graafikon koulutusta.

Esimerkkejä:

- Luo e-kirjan kansi Canvassa tekoälyavusteisesti.
- Pyydä Canvaa tekemään valmiita somepohjia, joita voit muokata.
- Käytä DALL·E-kuvageneraattoria tuottamaan kuvituskuvia blogiin tai someen.

Tekoäly ei korvaa graafista suunnittelijaa, mutta se auttaa luomaan nopeasti yksinkertaisia ja siistejä visuaaleja.

Luovan työn rytmittäminen

Luovuus ei ole aina inspiraatiota – usein se on rakennetta. Tekoäly voi auttaa suunnittelemaan kirjoitusprosessin tai jakamaan ison idean pienempiin osiin.

Kokeile:

- "Auta minua jakamaan kirjoitusprojekti viikoittaisiin osiin."
- "Luo rakenne verkkokurssille, jonka aihe on digituotteiden suunnittelu."
- "Ehdota, millainen rakenne sopisi ilmaiselle e-oppaalle uutiskirjeen kylkeen."

Tekoäly ei luo luovuutta tyhjästä, mutta se voi poistaa esteitä ja antaa sinulle tilaa ajatella.

Eettisyys, rajat ja vastuullinen käyttö – mitä tekoäly ei tee (eikä saisi tehdä)

 Tekoäly voi olla tehokas apuri, mutta kuten kaikkien työkalujen kohdalla, sen käyttöön liittyy myös vastuu. On tärkeää ymmärtää, mitä tekoäly osaa – ja mitä se ei osaa. Lisäksi on hyvä tiedostaa, miten sen käyttö vaikuttaa ympäröivään maailmaan, tiedon luotettavuuteen ja jopa toisiin ihmisiin.

Tässä luvussa käsitellään tekoälyn käytön eettisiä periaatteita ja käytännön rajoja.

Tekoäly ei ole erehtymätön

Tekoäly ei "tiedä" asioita, vaan se arvaa perustuen valtaviin tietomassoihin ja aiemmin kirjoitettuihin teksteihin. Sen antamat vastaukset voivat olla:

- Vanhentuneita
- Virheellisiä
- Puutteellisia
- Ylimielisen itsevarmoja

Siksi on tärkeää tarkistaa tiedot, erityisesti jos ne liittyvät rahaan, terveyteen, lakiasioihin tai muihin vakaviin teemoihin.

Tekoäly ei ajattele eettisesti – sinä ajattelet

Tekoäly ei ymmärrä moraalia tai empatiaa. Se ei tiedä, mikä on "oikein" tai "sopivaa" kontekstissasi. Vastuu käytön eettisyydestä on aina ihmisellä. Älä käytä tekoälyä:

- Loukkaavien tai syrjivien sisältöjen tuottamiseen
- Toisten henkilökohtaisten tietojen käsittelyyn ilman lupaa

- Väärän tiedon levittämiseen tai manipuloivaan viestintään

Tekoäly ei ole ihminen – eikä sitä pidä esittää sellaisena

Jos käytät tekoälyä esimerkiksi asiakasviestinnässä, on hyvä kertoa, jos viesti on tuotettu tai luonnosteltu tekoälyn avulla. Avoimuus lisää luottamusta ja ehkäisee väärinkäsityksiä.

Tekoäly ei saa tehdä puolestasi kaikkea

Tekoäly voi auttaa suunnittelussa, ideoinnissa ja kirjoittamisessa, mutta viimeinen sana on aina sinulla. Sinun arvosi, tyylisi ja harkintakykysi ovat korvaamattomia.

Tekoälyn paras käyttö ei ole täydellinen automaatio, vaan ihmisen ja teknologian yhteistyö. Tekoäly auttaa – sinä päätät.

Tietosuoja ja yksityisyys

- Älä syötä tekoälylle arkaluonteisia tietoja (esimerkiksi nimiä, henkilötunnuksia, asiakastietoja).
- Vältä yksityisten tai luottamuksellisten viestien käsittelyä tekoälytyökalussa.
- Tarkista työpaikkasi tai organisaatiosi ohjeistus tekoälyn käytöstä.

Tekoäly on työkalu, ei taikatemppu. Käytä sitä tietoisesti ja vastuullisesti, niin se voi tuoda paljon hyvää – ilman ikäviä yllätyksiä.

Usein kysytyt kysymykset tekoälystä – vastauksia yleisimpiin huoliin ja ihmettelyihin

Vaikka tekoäly yleistyy vauhdilla, siihen liittyy yhä paljon epävarmuutta, kysymyksiä ja myyttejä. Tässä osiossa käsitellään selkeästi ja käytännönläheisesti yleisimpiä kysymyksiä ja väärinkäsityksiä, joita tekoälyn käyttöön liittyy.

Eikö tekoäly vie meiltä työt?

Tekoäly automatisoi toistuvia ja rutiininomaisia tehtäviä, mutta se ei korvaa inhimillistä vuorovaikutusta, luovuutta tai päätöksentekoa. Se vapauttaa sinut aikaa vievistä askareista tärkeämpiin, ihmistä aidosti tarvitseviin tehtäviin.

Onko tekoäly vaarallista?

Ei lähtökohtaisesti. Tekoäly on työkalu – aivan kuten auto, puhelin tai tietokone. Se ei itsessään ole hyvä tai paha. Tärkeää on, miten sitä käytetään ja mitä sillä tehdään. Vastuullinen käyttö minimoi riskit.

Osaako tekoäly lukea ajatuksia tai vakoilla minua?

Ei. Tekoälyllä ei ole tietoisuutta, eikä se kykene lukemaan ajatuksiasi. Se käsittelee vain niitä tietoja, joita itse syötät sille – eikä tee itsenäisiä havaintoja elämästäsi.

Tarvitseeko tekoälyn käyttö erityisiä teknisiä taitoja tai koulutusta?

Ei tarvitse. Monet tekoälytyökalut on tehty erittäin käyttäjäystävällisiksi ja toimivat ilman mitään koodaustaitoja tai erityistä teknistä osaamista.

Voiko tekoäly olla väärässä?

Voi kyllä! Tekoäly perustuu olemassa olevaan dataan ja oppimiinsa malleihin. Joskus sen vastaukset voivat olla puutteellisia tai jopa täysin vääriä. Siksi on tärkeää aina tarkistaa tekoälyn antamat tiedot.

Maksaako tekoälyn käyttö aina jotain?

 Ei. Useimmat yleisesti käytössä olevat tekoälytyökalut tarjoavat hyviä, ilmaisia perusversioita. Halutessasi voit maksaa lisäominaisuuksista, mutta monille käyttäjille maksuton versio riittää mainiosti.

Entä yksityisyyteni – voinko luottaa tekoälyyn?

Käytä aina maalaisjärkeä: älä koskaan jaa tekoälylle arkaluontoisia tietoja, kuten henkilötunnusta tai yksityisiä pankkitietoja. Muuten tekoälytyökalut ovat yleensä turvallisia käyttää, ja niissä on usein läpinäkyvät yksityisyyskäytännöt.

Tämän luvun tarkoitus oli selventää tekoälyyn liittyviä yleisimpiä kysymyksiä ja pelkoja. Kun ymmärrät paremmin, mistä tekoälyssä on kyse, uskallat ottaa sen käyttöön rauhallisemmin ja rohkeammin.

Yhteenveto ja loppusanat

Tekoäly ei ole vain tulevaisuutta – se on jo täällä. Se ei ole pelkästään teknologiaa, vaan arkea helpottava työkalu, jonka avulla voi tehdä asioita sujuvammin, nopeammin ja joskus jopa paremmin kuin ennen.

Tässä oppaassa tutustuimme siihen, miten tekoäly voi tukea sinua niin arjessa kuin työelämässä: viestinnässä, suunnittelussa, ideoinnissa ja organisoinnissa. Oikein käytettynä tekoäly ei vie sinun ajatteluasi – se vahvistaa sitä.

Et tarvitse teknistä taustaa tai asiantuntijatitteliä ottaaksesi tekoälyn käyttöön. Riittää, että uskallat kokeilla ja kysyä. Mitä enemmän käytät, sitä paremmin opit. Pienilläkin askelilla voit saada merkittäviä hyötyjä.

Toivottavasti tämä opas antoi sinulle selkeitä esimerkkejä ja inspiraatiota siihen, miten tekoäly voi olla osa omaa arkeasi – ei ihmeellisenä ilmiönä, vaan käytännön apurina.

Tämän kirjan kirjoittamisessa on käytetty tekoälyä apuna ideoinnissa, sisällön jäsentelyssä ja luonnostelussa. Lopullinen sisältö on kuitenkin ihmisen toimittamaa, muotoilemaa ja valitsemaa. Tekoäly voi olla erinomainen kumppani luovassa työssä – mutta ihmisen harkinta on yhä korvaamaton.

Kiitos, että luit.

Nyt on sinun vuorosi kokeilla.

Kustantaja: BoD · Books on Demand,
Mannerheimintie 12 B, 00100 Helsinki,
bod@bod.fi
Kirjapaino: Libri Plureos GmbH,
Friedensallee 273, 22763 Hampuri, Saksa
ISBN: 978-952-80-9635-1